Roman-ve

1844-1885
Louis Riel

Texte :
Louise Tondreau-Levert

Bandes dessinées et illustrations :
Jocelyn Jalette

Les éditions du soleil de minuit

L'enfance de Louis Riel

Le célèbre Métis est né le 22 octobre 1844 sur la ferme de ses grands-parents maternels. Cette ferme était située dans la petite colonie de la rivière Rouge et faisait partie de la paroisse de Saint-Boniface au Manitoba.

Louis Riel fils avait un huitième de sang amérindien qui lui venait de sa grand-mère paternelle, Marguerite Boucher, une Franco-chipewyan (ou Métisse dénée) de l'Île-à-la-Crosse en Saskatchewan.

Louis était le premier-né d'une fratrie de onze enfants et il était fortement attaché à ses frères et sœurs. À cette époque, c'était la coutume de donner au premier garçon d'une famille le même prénom que son père. Donc, le père de Louis Riel s'appelait aussi Louis. Il était très pieux, car sa mère, Julie Lagimodière, et son père étaient de fervents catholiques.

Louis Riel père (1817-1864) et Julie Lagimodière (1822-1906), eurent 11 enfants :

Louis
(1844-1885)

Épouse de Louis Riel :
Marguerite Monet Bellehumeur
(1861-1886). Elle avait 25 ans.

Élie
(1846-1848)

Philomène
(1847-1848)

Sara
(1848-1883)

Marie
(1850-___)

Octavie
(1852-___)

Eulalie
(1853-___)

Charles
(1854-___)

Joseph
(1857-___)

Henriette
(1861-1898)

Alexandre
(1863-___)

L'année 1848 a été difficile pour les Riel. La petite Philomène, née l'année précédente, et Élie, alors âgé de deux ans, meurent. Le jeune Louis a été ébranlé par ces pertes. Heureusement que la même année nait Sara qui, tout au long de sa vie, sera son alliée et sa meilleure amie.

3

À cette époque, il n'y avait ni électricité ni eau courante. Comme les autres garçons de dix ans, Louis accomplissait de nombreuses tâches à la maison. Il coupait et cordait le bois de chauffage, soignait les chevaux et se rendait à la rivière pour rapporter de l'eau à sa famille.

En plus de s'occuper des enfants, la mère de Louis cuisinait de nombreux plats. Outre le pemmican et le bison, elle mijotait des ragouts de gibier comme du lièvre, de l'ours, du canard, du faisan et de la poule de prairie. En plus de travailler la terre, les hommes métis chassaient pour la subsistance de leur famille. Il était aussi de coutume de cuisiner les recettes traditionnelles du Canada français.

Même si sa famille préférait la viande, la mère de Louis préparait parfois du poisson boucané comme le doré et l'esturgeon. Les jours maigres, ils se nourrissaient de soupe à l'orge et de chou sauvage. Il y avait toujours du pain métis (ou bannique) et, en saison, des petits fruits ou des fruits séchés étaient servis avec de la crème fraiche. Dans le temps des fêtes, pour se sucrer le bec, les femmes cuisinaient des beignes croches ou beignes tressés.

Recette de bannique

125 ml (½ tasse) de graisse
1 l (4 tasses) de farine
20 ml (4 cuillérées à thé) de poudre à lever
une pincée de sel
375 ml (1 ½ tasse) d'eau froide

Dans un bol, brasser la graisse pour la ramollir. Ajouter les ingrédients secs et l'eau. Bien mélanger avec une cuillère de bois. Pétrir la pâte et façonner deux galettes d'une épaisseur d'environ 1 cm. Placer ces galettes sur une plaque à biscuits et faire cuire au four à 180 °C (350 °F) pendant 30 minutes, ou jusqu'à ce que la pâte soit dorée.

Louis Riel, père

Pendant que son épouse s'occupait de la maisonnée, Louis Riel père exploitait un moulin à farine avec son beau-frère, Benjamin Lagimodière, sur le bord de la rivière Seine. Il était le meunier de la Seine. Il était aussi très impliqué dans sa communauté en tant que commerçant et homme politique.

Des infos

Le jeune Louis admirait beaucoup son père. Il l'accompagnait très souvent dans les assemblées politiques de fort Garry où se trouvait la Compagnie de la Baie d'Hudson.

Les Métis étaient semi-nomades, ce qui permettait aux enfants d'aller à l'école.

Louis aimait aller à l'école et étudier. Il excellait en mathématiques, en latin et en français, mais sa matière préférée était l'histoire sainte.

OUAF!

LE SOIR, LORSQUE LES PLUS JEUNES ÉTAIENT COUCHÉS, LOUIS FAISAIT SES DEVOIRS.

QU'AS-TU APPRIS AUJOURD'HUI, MON GARÇON?

MAIS ARRÊTE DE BAVER SUR MON LIVRE, TOI!

EH BIEN, PÈRE, APRÈS LA PRIÈRE DU MATIN, NOUS AVONS FAIT UNE DICTÉE, PUIS RÉVISÉ LES TABLES DE MULTIPLICATION.

ENSUITE, NOUS AVONS RÉCITÉ LES VERBES AVOIR ET ÊTRE EN LATIN ET LE FRÈRE BENOIT NOUS A PARLÉ DES VERTUS: LA FOI, L'ESPÉRANCE ET LA CHARITÉ.

GNAP!

EH!

...IL A DIT QUE LA CHARITÉ EST LA PLUS IMPORTANTE.

VIENS ICI!

N'OUBLIE PAS TES PRIÈRES DU SOIR AVANT D'ALLER DORMIR.

7

☐ Haut-Canada ☐ Bas-Canada

Immigrants

Les Métis de l'Ouest sont les descendants des Amérindiennes et des Allochtones* du Bas-Canada et du Haut-Canada. Les habitants du Bas-Canada (aujourd'hui le Québec) parlaient français et ils étaient de religion catholique. Ceux du Haut-Canada (aujourd'hui l'Ontario) parlaient anglais et ils étaient pour la plupart protestants.

* On utilise allochtone par opposition à autochtone.

MER
DU LABRADOR

BAS-CANADA

TERRE-NEUVE

ADOUSSAC ●

QUÉBEC ●

ÎLE
ST-JEAN

ÎLE DU
CAP-BRETON

IVIÈRES ●

NOUVEAU-
BRUNSWICK

AL ● ● SOREL

NOUVELLE-
ÉCOSSE

N

O   E

S

Ontario
ILTON

OCÉAN
ATLANTIQUE

Des infos

Comme tous les enfants nés dans les Prairies, le jeune Louis a eu une enfance empreinte de liberté.

Ils habitaient la Terre de Rupert, un immense territoire de 3,9 millions de kilomètres carrés, soit une partie du Québec, de l'Ontario, des Territoires du Nord-Ouest, tout le Manitoba et une partie de la province de la Saskatchewan.

La chasse aux bisons

Les territoires de chasse sont-ils loin ?

Il y en a plusieurs, mais pour atteindre Pembina, une vallée sur la Terre de Rupert où l'on trouve de grands troupeaux de bisons, il faut parcourir 513 kilomètres en partant de la rivière Rouge.

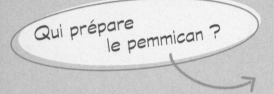

Qui prépare le pemmican ?

Les chasseurs et leur famille, les coureurs des bois et des employés de la Compagnie de la Baie d'Hudson.

Que fait-on avec la viande ?

Le pemmican de bison est un mets très populaire! On en exporte même en Grande-Bretagne. Cette viande séchée se conserve très longtemps, ce qui est aussi très pratique quand on parcourt de longues distances dans les bois.

Quels on sont les ingrédients ?

De la graisse fondue de bison avec la viande séchée de l'animal, à quoi on ajoute des baies et quelquefois des fruits de l'amélanchier, aussi appelés « petites poires ». Enfin, on agrémente le tout avec un mélange secret d'épices.

Louis Riel repensait à ce que son père lui avait dit au sujet de la diminution des troupeaux de bisons. Il avait peur que les Métis soient dorénavant condamnés à vivre uniquement de l'agriculture, alors qu'ils auraient voulu chasser le bison toute l'année.

À la mi-juin, les préparatifs de la chasse aux bisons commençaient.

Dans les charrettes, il fallait mettre les casseroles, les ustensiles de cuisine, les fusils, les outils, les vêtements et les provisions pour la durée de la chasse.

On imagine qu'enfant, déjà, Riel rêvait que cet endroit devienne le pays des Métis.

Une caravane de plus de mille charrettes tirées par des chevaux et des bœufs se dirigeait à l'ouest vers les montagnes Rocheuses. Cette fois-ci, ils ne se rendraient ni au Montana ni au Dakota, aux États-Unis, car les voyageurs disaient qu'il y avait là-bas une guerre entre les Indiens séminoles et les Allochtones.

CASSEROLES
USTENSILES
FUSILS
OUTILS
VÊTEMENTS
PROVISIONS

Les charrettes

Les charrettes de la rivière Rouge étaient entièrement faites de bois, jusqu'à leurs roues. Puisqu'il était impossible de lubrifier celles-ci, elles faisaient un bruit infernal en roulant. En plus d'être un excellent moyen de transport, les charrettes offraient un lieu où dormir au sec, grâce à la bâche de bison ou de toile qui les recouvrait. Et lors du voyage de retour, elles étaient remplies de viande, de graisse, d'os et de peaux de bisons.

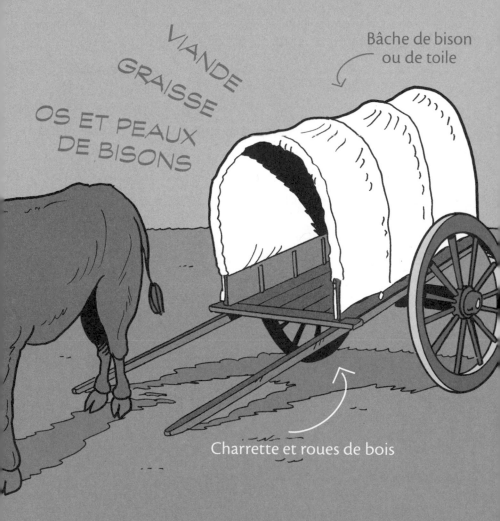

VIANDE
GRAISSE
OS ET PEAUX DE BISONS

Bâche de bison ou de toile

Charrette et roues de bois

14

« ...POUR EMPÊCHER LE VOL DE CHEVAUX PAR LES TRIBUS ENNEMIES. »

QUI FAIT RESPECTER LES RÈGLES ?

LES RÈGLES SONT DICTÉES PAR LE CONSEIL DES CHASSEURS. C'EST CE QU'ON APPELLE « LES LOIS DES PRAIRIES ».

CE GOUVERNEMENT PROVISOIRE FAIT RESPECTER LA LOI ET L'ORDRE DANS LE CAMP PENDANT LA CHASSE.

TU VEUX DIRE QUE CHAQUE CHASSEUR SE TRANSFORME EN SOLDAT ?

17

Le commerce de la fourrure

Situé à l'embranchement des rivières Rouge et Assiniboine, aussi appelé la Fourche, Upper Fort Garry a été construit en 1836. C'était la plaque tournante du commerce de la fourrure non seulement au Canada, en Amérique, mais aussi en Europe.

Pour s'y rendre à partir de Saint-Boniface où habitait Louis Riel, il fallait compter une dizaine de milles. Ce trajet était considéré comme assez court. On pouvait s'y rendre à pied, à cheval ou en charrette. C'était de l'autre côté de la rivière, juste en face de la cathédrale de Saint-Boniface.

Lac
Winnipeg

Lac
Manitoba

Rivière Assiniboine

Upper Fort Garry

Rivière Rouge

N
O — E
S

Après avoir longé la rivière Rouge vers le nord, on arrivait devant l'imposant fort. En plus du poste de traite de la Compagnie de la Baie d'Hudson, Upper Fort Garry abritait le bureau de poste et la maison du gouverneur. Des soldats y avaient logé de 1846 à 1848.

Louis Riel père était en colère, alors il avait demandé que la traite des fourrures puisse se faire ailleurs qu'à la Compagnie de la Baie d'Hudson pour que les chasseurs obtiennent plus en échange de leurs peaux.

Louis Riel, comme la majorité des Métis, était un excellent cavalier. Il savait que son père ne pouvait pas payer soixante fourrures pour lui acheter un cheval. Il espérait donc en capturer un et le dompter comme le faisaient ses frères métis.

Une fois les animaux piégés, ils enlevaient leur fourrure à l'aide d'un couteau. Ils nettoyaient ensuite les peaux et faisaient des ballots. Les chasseurs installaient les pièges sur leur territoire de chasse.

La Compagnie de la Baie d'Hudson offrait moins pour une fourrure abimée. Déjà qu'il en fallait des dizaines pour avoir un peu de provisions, il valait mieux qu'il n'y ait pas de trous de balles!

À l'époque, le troc

était le système d'échange

À l'époque, les Métis et les Amérindiens pratiquaient le troc. Ils échangeaient des peaux de fourrures, de la viande et de la graisse de bison contre de la farine, du sucre, des armes et des munitions.

FARINE

Le troc

Balles de fusil

Corne à poudre

Un long voyage au Canada

En 1854, monseigneur Alexandre-Antonin Taché, alors évêque de Saint-Boniface, a supervisé lui-même la construction de l'édifice qui servira d'établissement d'enseignement aux Frères des écoles chrétiennes. Louis Riel fréquentait cet établissement depuis quelques années lorsque monseigneur Taché l'a remarqué. Il souhaitait que des Métis puissent accéder à la prêtrise, alors il a offert à Riel et à trois de ses camarades d'aller étudier à Montréal, au Canada.

Le 1er juin 1858, alors qu'il n'était âgé que de treize ans, Louis Riel est parti pour Montréal avec Louis Schmidt et Daniel McDougall. Louis avait peur d'être incapable de partir. Il savait que sa famille lui manquerait terriblement, d'autant plus que son père n'était pas là pour lui dire au revoir. Le troisième camarade, Jos Nolin, a refusé à la dernière minute de les suivre.

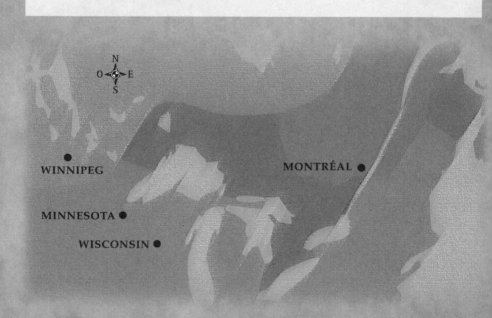

Heureusement qu'en chemin il a rencontré son père qui revenait d'un voyage d'affaires. Le père et le fils ont pris le temps de se parler avant de se séparer pour de nombreuses années.

Après vingt-huit jours de voyage en charrette, ils sont arrivés à Saint Paul, au Minnesota. De là, ils ont pris le bateau à vapeur jusqu'à Prairie du Chien dans l'État du Wisconsin, aux États-Unis. Enfin, ils ont embarqué dans le train et sont arrivés à Montréal le 5 juillet.

Montréal en 1858

En 1858, Montréal était une ville en pleine effervescence. Les commerces étaient surtout concentrés autour du port et il y avait d'imposants édifices, de nombreuses églises, ainsi que plusieurs marchés publics. Riel et ses compagnons étaient éblouis devant cette métropole vieille de plus de deux siècles.

C'était aussi la ville la plus peuplée d'Amérique du Nord britannique. Eux qui n'avaient connu que la campagne, la chasse et la pêche auraient bien aimé s'y promener. Mais on les a plutôt conduits au collège.

Daniel McDougall était attendu au Collège de Nicolet, Louis Schmidt au Collège de Saint-Hyacinthe et Louis Riel chez les Sulpiciens au Petit Séminaire du Collège de Montréal. Ce dernier était situé rue Saint-Paul, un peu à l'ouest de la rue McGill actuelle.

La vie au collège

Une fois installé au Petit Séminaire du Collège de Montréal, Louis Riel a pris conscience de sa solitude. Il avait beau se remémorer l'immensité des Prairies et le plaisir qu'il avait avec ses frères et sœurs, l'austérité de sa chambre d'étudiant le ramenait à la dure réalité. Il serait ici pour les huit prochaines années, soit le temps qu'il fallait pour devenir prêtre.

Louis a soudainement compris qu'il ne reverrait pas sa famille avant plusieurs années. Son père lui avait dit qu'il était fier de lui et qu'il souhaitait que son fils fasse de brillantes études. Il avait donc décidé de faire de son mieux pour les siens.

Dès le lendemain de leur arrivée, les garçons se sont mis au travail. Même si c'étaient les vacances d'été, il y avait beaucoup de tâches à accomplir au collège. Il fallait s'occuper du jardin et des arbres fruitiers, sans oublier les messes et les prières. Ces jeunes garçons étaient tous là pour devenir prêtres.

ELLE GARDE DES GARÇONS CHEZ ELLE EN PLUS DE PAYER LEURS ÉTUDES?

PARDON!

OUI, C'EST LA BIENFAITRICE DE PLUSIEURS ÉLÈVES ET, COMME ELLE AIME LES ENFANTS, ELLE EN GARDE QUELQUES-UNS PENDANT L'ÉTÉ DANS SA GRANDE MAISON À TERREBONNE.

PARDON!

ELLE DOIT ÊTRE TRÈS RICHE!

...ET ELLE NE DOIT SÛREMENT PAS LAVER SES PLANCHERS ELLE-MÊME!

OUI, SON MARI A ÉTÉ LE PREMIER MILLIONNAIRE CANADIEN-FRANÇAIS ET IL EST MALHEUREUSEMENT DÉCÉDÉ EN 1847 À L'ÂGE DE 56 ANS.

PARDON!

PENSES-TU QU'ELLE M'INVITERA?

PROBABLEMENT, PARCE QUE TU VIENS DE TROP LOIN.

C'EST ÇA, ALLEZ-Y QUE JE PUISSE TERMINER MON PLANCHER EN PAIX!

LOUIS RIEL PASSA DONC UNE PARTIE DES VACANCES DE L'ÉTÉ 1858 CHEZ MADAME MASSON.

27

Pendant le cours classique...

les élèves apprenaient des matières de base, comme la religion, le latin, le français et les mathématiques. Les élèves suivaient aussi des cours de grec, d'anglais, de physique, de chimie, d'astronomie et de botanique.

Le repas du soir consistait...

en un bouilli de viande et d'un verre d'eau. Les jours de fête, on remplaçait le bouilli par du jambon ou une tarte à la viande. Lors de certaines fêtes, les élèves avaient droit à un dessert et à du thé, ou même parfois à un verre de vin. À Noël ou à Pâques, la bouillie d'orge (ou gruau) du matin était remplacée par du pain légèrement beurré.

Une fois le repas terminé...

les garçons retournaient à leur petite chambre ou cellule, comme disaient les frères. Puis, tous les garçons faisaient une prière et, fidèle à son habitude, Louis écrivait quelques lignes avant de s'endormir. Le lendemain, comme tous ses camarades, il assistait à la messe avant le petit déjeuner.

Louis Riel a travaillé si fort...

qu'il est rapidement devenu un des meilleurs élèves de son groupe. À preuve, il a remporté plusieurs prix. De plus, ses compagnons de classe adoraient l'écouter raconter ses aventures de chasseur et de chevauchées dans la prairie. Il leur expliquait les coutumes des Amérindiens de l'Ouest en y mettant une touche d'humour.

Son ami Eustache disait de lui...

qu'il était un conteur hors pair et ses compagnons le surnommaient le Victor Hugo de sa classe tant il écrivait bien. Le personnage marquait ses compagnons malgré son côté taciturne et ses sautes d'humeur.

29

Une grande déception

Quand il a appris la nouvelle de la mort de son père, survenue le 21 janvier 1864, Louis a été si ébranlé qu'il a presque perdu la raison. C'est une épreuve qu'il a eu beaucoup de difficulté à surmonter. Il n'avait même plus envie d'étudier.

Louis Riel a quitté le collège le 8 mars 1865 et s'est installé chez sa tante Lucie Riel et son mari, John Lee. Il a cherché du travail pendant presque une année avant de trouver un poste chez maitre Rodolphe Laflamme. L'avocat l'initie au droit et, en élève studieux, Louis Riel apprend beaucoup de lui.

31

Chanson à mes amis

Voici que bientôt je vous laisse ;
Je vais partir pour mon pays.
Si mon cœur est plein d'allégresse,
Croyez qu'aussi j'ai des ennuis,
Car c'est parmi vous que la vie
M'a fait jouir de tant de biens ;
Et sur cette terre chérie
J'ai formé de si beaux liens.

Maintenant, lorsque je m'éloigne,
L'amitié m'arrache les pleurs.

J'aime : et mon cœur le témoigne.
Pourtant malgré tant de faveurs,
Je songe encore à ma patrie ;
Car c'est là où sont tous les miens.
Je veux vous voir, mère chérie,
Et c'est vers vous que je reviens.

En laissant la terre natale,
L'absence était mon premier deuil,
Mais une pierre sépulcrale
A couvert depuis un cercueil.
Celui qui m'a donné la vie
Est mort en bénissant mes jours.
Je veux voir sa tombe chérie
Et je reviens à mes amours.

Louis Riel

Poème tiré du livre :
DESMARAIS, J. A.
L'œuvre véridique de Louis Riel,
Montréal, Éditions Albert Lévesque, 1934.

Une semaine exactement après cet affront, Riel a quitté Montréal pour les États-Unis. Il s'est d'abord rendu à Chicago en train. Une fois là-bas, il a habité chez le poète Louis-Honoré Fréchette. Avec lui, il a écrit de nombreux textes et poèmes. Il a ensuite poursuivi son voyage vers l'Ouest. En chemin, il a travaillé à Saint Anthony et à Minneapolis pour finalement être embauché comme agent administratif à Saint Paul au Minnesota.

En 1867, l'année qui précède le retour de Riel, les Pères de la Confédération ont uni le Québec, l'Ontario, le Nouveau-Brunswick et la Nouvelle-Écosse sous l'appellation « Dominion du Canada ». La même année, la Compagnie de la Baie d'Hudson a décidé de céder la Terre de Rupert à cette jeune nation. Le gouvernement canadien l'a achetée pour la somme de 300 000 livres sterling et le transfert était prévu pour le 1er décembre 1869. Ces terres étaient destinées aux colons anglais.

Pendant plus de deux ans, la famille de Louis Riel n'a reçu aucune nouvelle de lui. Inquiète, sa sœur Sara a écrit à sa sœur Marie. Ensemble, elles ont prié pour le retour de leur grand frère.

Avant de rentrer à Saint-Boniface, Louis Riel s'est arrêté à Saint Joseph, au Dakota. Après plus de deux ans de voyagement, il est arrivé le 26 juillet 1868, soit dix ans après son départ. Il s'est installé dans la maison familiale avec sa mère et ses quatre frères et sœurs.

ont bien changé

Les choses ont bien changé

changé

Les choses ont bien changé depuis son départ. Il s'est rendu compte que les bisons ont presque entièrement disparu. De plus, une invasion de sauterelles a mangé toutes les récoltes.

En cet été de 1868, il a senti que sa place était ici, à Rivière-Rouge, auprès des siens. Il avait le devoir de soutenir sa famille dans ces moments difficiles. Il a donc décidé de s'impliquer dans la vie politique comme son père l'a fait avant lui.

Louis était alors soutien de famille. Il avait six personnes à nourrir, avec seulement son frère de quatorze ans, Charles, pour l'aider et aucune récolte de blé ou de patates. Il y est pourtant arrivé. En peu de temps, il a agrandi sa terre, remboursé les douze minots de blé qu'on lui avait prêtés et formé un mouvement politique qui avait pour but de défendre les droits des Métis auprès du gouvernement du Canada.

Dans la région de Batoche, les terres étaient séparées en lots de rivière comme chez les Canadiens français du Bas-Canada. Ces lots mesuraient trois kilomètres de long sur deux-cents mètres de large et donnaient accès à la rivière.

Les Métis étaient déjà installés depuis longtemps sur les bords des rivières Seine, Rouge, Assiniboine et Sale. Cette division leur permettait de puiser l'eau potable et simplifiait le transport des canots. Au bout du terrain, il y avait une terre à bois pour le chauffage, un pacage pour le bétail, un champ de blé et d'orge, un potager et une maison près de l'eau.

Mais le premier ministre de l'époque, John A. Macdonald, voyait les choses autrement. En 1869, il a favorisé le système de *townships* ou cantons comme dans l'ouest des États-Unis. Un canton formait un carré de 1,6 kilomètre sur 1,6 kilomètre, il était divisé en trente-six sections de 640 acres et ne donnait pas forcément accès à la rivière.

Les Métis se sont rebellés quand, en octobre 1869, les arpenteurs du gouvernement canadien ont reçu l'ordre de diviser leurs terres en cantons. Ils ont alors formé le Comité national des Métis avec Louis Riel comme secrétaire.

Le 11 octobre 1869, Riel et une douzaine de Métis ont arrêté les arpenteurs et empêché le nouveau gouverneur, William McDougall, nommé par le premier ministre, d'arpenter leurs terres. Louis Riel leur a rappelé que la colonie n'appartenait pas encore au gouvernement canadien. Les arpenteurs se sont opposés, mais rapidement les Métis les ont fait reculer et ils sont retournés à Fort Garry.

Droits des Métis

Liste de droits des Métis

Le 2 novembre, les Métis ont pris possession de Fort Garry, principal poste de traite de la Compagnie de la Baie d'Hudson. Le comité a ensuite demandé à la population des colonies anglophone et francophone d'envoyer des délégués à Fort Garry. Ensemble, ils ont discuté d'une liste de droits des Métis élaborée par Louis Riel.

Des infos

Voici le premier droit :

«1. Que les Territoires de la Terre de Rupert et du Nord-Ouest n'entreraient dans la Confédération canadienne que comme Province, et possédant tous les droits et privilèges, communs aux différentes Provinces de la Puissance canadienne.»

37

La rébellion

Pendant ce temps, un groupe de Canadiens organisait une résistance armée sous les ordres de John Christian Schultz et John Stoughton Dennis. Mais comme le transfert du territoire a été reporté, Dennis et le gouverneur McDougall sont retournés au Canada. Malgré tout, Schultz et son groupe ont attaqué Fort Garry. Mais ils ont capitulé devant Riel et ses hommes.

Louis Riel a émis la « Déclaration des habitants de la Terre de Rupert et du Nord-Ouest » et, le 23 décembre 1869, il est devenu le chef du gouvernement provisoire de la rivière Rouge. Le 19 janvier 1870, une réunion extraordinaire s'est tenue, présidée par Donald Smith, représentant du gouvernement canadien, avec Louis Riel, représentant des Métis, et plus de mille habitants de la région. Le 26 janvier 1870, vingt représentants francophones et vingt représentants anglophones de la colonie se sont aussi réunis pour étudier et élaborer une nouvelle liste de droits des Métis.

À la suite de cette négociation, le gouvernement provisoire de Louis Riel a libéré les prisonniers et envoyé trois délégués à Ottawa. Ces derniers avaient comme mission de négocier l'entrée de la colonie de la rivière Rouge dans la Confédération canadienne.

Pendant ce temps à Portage La Prairie, l'arpenteur Thomas Scott et Schultz ont rassemblé un groupe de Canadiens. Sous les ordres de Charles Boulton, ils ont marché vers Fort Garry. Les Métis se sont empressés de les capturer. La plupart des soldats canadiens ont été relâchés. Cela a aussi été le cas de Charles Boulton, grâce à l'intervention de Smith auprès de Louis Riel.

Le bras droit de Riel, Ambroise Lépine, a traduit l'arrogant Thomas Scott devant la cour martiale. Et même si Smith est intervenu cette fois-ci, l'homme a été condamné et fusillé le 4 mars 1870. Le 6 mars, une réunion du gouvernement provisoire s'est tenue. À la fin du mois, les délégués, dont Louis Riel, sont partis à Ottawa négocier avec le gouvernement du Canada. Le 9 avril, Riel a annoncé la fin de la loi martiale*. Puis le 25 juin, l'Assemblée législative a accepté à l'unanimité l'Acte du Manitoba. Le 15 juillet 1870, le Manitoba est devenu la cinquième province du Canada.

Depuis, on dit que Louis Riel est le père du Manitoba.

* Loi qui autorise l'utilisation des forces armées pour régler un conflit à l'intérieur du pays.

Au mois d'aout, le colonel Wolseley et ses troupes sont arrivés à la rivière Rouge. Pour éviter une confrontation, Louis Riel a fui à Saint Joseph, un petit village américain près de la frontière canadienne.

Malgré son départ, il a été élu député à la Chambre des Communes de la circonscription de Provencher en 1873 et 1874, mais il n'y a jamais siégé. En 1875, Louis Riel a été banni du Canada pour une période de cinq ans.

Depuis le décès de son père et la rupture avec M\ll\e Guernon, la santé mentale de Louis Riel était fragile. Elle s'est détériorée encore plus à cause des problèmes avec le gouvernement canadien.

Le 6 mars 1876, malgré l'interdiction de revenir au Canada et grâce à son oncle John Lee, Riel s'est fait soigner incognito sous le nom de Louis R. David ou Louis David Riel. C'est un ancien camarade de classe, le Dr Emmanuel Lachapelle, qui s'est occupé de lui dans un hôpital psychiatrique de Montréal. Il a ensuite été transféré à Québec et, après une année et demie de soins, ses médecins l'ont dit guéri, mais encore fragile.

pour 5 ans

Avril 1881

Riel a épousé Marguerite Monet, dite Bellehumeur, devant la communauté en avril 1881. Plus tard, ils ont officialisé leur union devant un prêtre. Le couple s'est installé avec les Métis à Rocky Point, au Missouri. En mai 1882, Marguerite a donné naissance à Jean, leur premier enfant (Jean Riel, 1882-1908).

En 1883, Louis a obtenu la citoyenneté étatsunienne et a commencé à enseigner à la mission Saint-Pierre au Montana. En septembre de la même année est née Marie-Angélique (1883-1897). Sara, sa sœur préférée, est décédée de la tuberculose en décembre.

En juin 1884, Gabriel Dumont et plusieurs Métis ont parcouru 1100 kilomètres pour rencontrer Riel chez lui au Montana. Ils l'ont prié de revenir au pays les aider.

OH! GABRIEL DUMONT!

LOUIS RIEL!

41

À la défense des siens

Dès son retour en 1884, Riel a réfléchi à la création d'un gouvernement provisoire pour mieux négocier les droits des Métis.

En mars 1885, le gouvernement canadien a refusé d'octroyer une terre à la plupart des Métis. À la suite de cet affront, Riel a proclamé un gouvernement provisoire dont il sera le chef.

Le 8 mai a eu lieu la bataille de Batoche entre les Métis et les soldats canadiens. Le 12 mai, les Métis ont subi une cuisante défaite aux mains des Canadiens et le 15 mai, Louis Riel s'est rendu au général Middleton. Il est emprisonné à Cheval du Nord, à Regina, et accusé de haute trahison en juillet.

Son procès

Son procès a débuté le 20 juillet 1885. Le 1er aout, après une demi-heure de délibération, il est trouvé coupable par un jury composé uniquement d'anglophones qui, par contre, ont recommandé la clémence. Le juge Richardson a tranché et l'a tout de même condamné à la pendaison, laquelle a été d'abord prévue pour le 18 septembre 1885.

Le 21 octobre, son épouse Marguerite Riel a donné naissance à un fils qui ne survivra pas.

La pendaison
La mort

La mort de Louis Riel

Les avocats de Louis Riel sont allés en appel et, malgré les protestations de ses médecins, avocats et plusieurs Québécois, il a finalement été pendu le 16 novembre 1885 à Regina.

Il faut rappeler que le premier ministre John A. Macdonald avait déclaré : « Riel sera pendu même si tous les chiens du Québec aboient en sa faveur. »

43

Les funérailles de Louis Riel

Louis Riel est décédé à quarante-et-un ans. Le 19 novembre 1885, une brève cérémonie s'est tenue à l'église de Regina, en Saskatchewan. Après avoir passé trois semaines dans une crypte, on a transporté le cercueil en train jusqu'à Saint-Boniface, au Manitoba, puis jusqu'à la maison de sa mère à Saint-Vital.

Sa famille et ses amis se sont recueillis pendant deux jours autour de sa dépouille. Sa mère, deux de ses sœurs, son épouse, Marguerite, son fils, Jean, et sa fille, Marie-Angélique, âgés de quatre et deux ans, prenaient place dans l'un des traineaux qui formaient l'imposant cortège funèbre du célèbre Métis.

Le 12 décembre 1885, les cloches de la cathédrale de Saint-Boniface ont sonné le glas pour célébrer les funérailles du père du Manitoba. Louis Riel a été enterré dans le cimetière adjacent à la cathédrale de Saint-Boniface.

Il est mort l'âme en paix en pensant aux siens et au peuple métis pour lequel il s'est battu tout au long de sa vie. Ses exploits et ses écrits n'ont jamais cessé de nourrir l'imaginaire et de montrer la fierté et la persévérance du peuple métis.

Les cloches
ont sonné

Bibliographie

Si tu as envie d'en savoir plus sur l'histoire de l'Ouest canadien et sur Louis Riel en particulier, tu pourrais aussi lire :

Desmarais, J. A. *L'œuvre véridique de Louis Riel*, Montréal, Éditions Albert Lévesque, 1934, 192 pages.
Note de l'auteure : J'ai trouvé ce livre à la bibliothèque du Collège Jean-de-Brébeuf et j'ai eu le privilège de pouvoir le consulter pour écrire cet ouvrage.

Lefrançois, Viateur. *Louis Riel, le résistant*, Montréal, Éditions du Phoenix, 2012, 324 pages.

Neering, Rosemary. *Louis Riel*, traduction de Jean-Pierre Fournier, Longueuil, Publications Julienne Inc., 1977, 64 pages.

Palud-Pelletier, Noëlie. *Louis, fils des prairies*, illustrations de Denis Savoie, Saint-Boniface, Éditions des Plaines, 2004, 91 pages.

Stewart, Sharon. *Louis Riel : un homme de feu*, traduction d'Hélène Rioux, Montréal, XYZ éditeur, 2009, 213 pages.

Toussaint, Ismène. *Louis Riel : Journaux de guerre et de prison*, Outremont, Les éditions internationales Alain Stanké, 2005, 346 pages.

Bandes dessinées

Brown, Chester. *Louis Riel*, Montréal, La Pastèque, 2012, 280 pages.

Freynet, Robert. *Riel, patriote*, Saint-Boniface, éditions des Plaines, 2014, 40 pages.

Jalette, Jocelyn.
La république assassinée des Métis, Saint-Damien-de-Brandon, Éditions du soleil de minuit, à paraitre, 48 pages.

Table des matières

Les éditions du soleil de minuit remercient

 Conseil des arts du Canada   Canada Council for the Arts   et la   **SODEC** Québec

de l'aide accordée à leur programme de publication.

Les éditions du soleil de minuit bénéficient également du Programme de crédit d'impôt pour l'édition de livres — Gestion SODEC — du gouvernement du Québec.

Bandes dessinées et illustrations : Jocelyn Jalette

Cartes géographiques des pages 8-9, 19 et 22 : Guy Ledoux

Montage infographique : LézArt graphique

Révision linguistique : Sabica Senez

Correction des épreuves : Anne-Marie Théorêt

nouvelle orthographe
www.**orthographe-recommandee**.info
Ce livre est conforme à la

Dépôt légal, 2014
Bibliothèque et Archives nationales du Québec
Bibliothèque et Archives Canada

Catalogage avant publication de Bibliothèque et Archives nationales du Québec et Bibliothèque et Archives Canada

Tondreau-Levert, Louise, 1949-

Louis Riel

(Roman-vérité)
Pour les jeunes de 9 ans et plus.

ISBN 978-2-924279-06-9

1. Riel, Louis, 1844-1885 - Romans, nouvelles, etc. pour la jeunesse. I. Jalette, Jocelyn, 1970-   . II. Titre.

PS8589.O653L68 2014   jC843'.54   C2014-941886-8
PS9589.O653L68 2014